Chengshi Gongjiao Anquan he Yingji Shouce

城市公交安全和应急手册

交通运输部道路运输司　编

人民交通出版社

内 容 提 要

本书从细节入手，综合国内外安全驾驶和应急情况处置的经验，为公交车驾驶员、乘务员和乘客提供一些易于掌握、便于操作、行之有效的安全驾驶和应急处置常识和方法，从而达到安全驾驶、提前预防、遇危冷静、应对及时、措施得当、安全运行的目的。

本书可供公交运输企业公交车驾驶员学习使用，也可供其他驾驶员和广大市民学习参考。

图书在版编目 (CIP) 数据

城市公交安全和应急手册 / 交通运输部道路运输司编 .—北京：人民交通出版社，2011. 5

ISBN 978-7-114-09037-0

Ⅰ.①城… Ⅱ.①交… Ⅲ.①城市运输：公共运输－交通运输管理：安全管理 Ⅳ.① U492.8

中国版本图书馆 CIP 数据核字 (2011) 第 069020 号

书　　名：城市公交安全和应急手册
著 作 者：交通运输部道路运输司
责任编辑：顾爔鲁　黄景宇　范　坤
插图设计：周　亮
出版发行：人民交通出版社
地　　址：(100011) 北京市朝阳区安定门外外馆斜街 3 号
网　　址：http://www.ccpress.com.cn
销售电话：(010)85285969, 85285966
总 经 销：北京金飞图书发行中心
经　　销：各地新华书店
印　　刷：中国电影出版社印刷厂
开　　本：880 × 1230 1/32
印　　张：2.25
字　　数：46.00 千
版　　次：2011 年 5 月第 1 版
印　　次：2013 年 8 月第 2 次印刷
书　　号：ISBN 978-7-114-09037-0
定　　价：10.00 元

致读者

城市公交日夜穿梭行驶于城市街道上，轧出雪地里的第一行车辙，迎接清晨里的第一缕阳光，堪称城市街头的一道流动风景线，勤勤恳恳地为保障城市经济正常运行和人民群众基本出行发挥着基础支撑和重要保障作用，成为城市运转的“血脉”和城市形象的“名片”。

城市公交社会关注度极高，安全运行是城市公交的核心要务，需要你我的关注和行动。平安到站是广大乘客的共同期盼，安全行车是你我奉行的基本准则。公交车覆盖面广、载客量大、运行频繁、行车环境复杂，广大公交车驾驶员和乘务员的安全驾驶水平和应急处置能力显得尤为重要。2009年6月5日，成都一辆公交车发生燃烧事件，酿成了27人死亡、74人受伤的惨剧。警示我们：公交安全丝毫不能松懈，应急处置必须牢记于心。

《城市公交安全和应急手册》从细节入手，综合国内外安全驾驶和应急情况处置的经验，可为公交车驾驶员和乘务员提供一些易于掌握、便于操作、行之有效的安全驾驶和应急处置常识和方法，希望对您有所帮助。

让我们携起手来、行动起来，为城市公交更安全、更便捷、更和谐，为城市交通更顺畅、更可靠、更经济付出我们的努力、贡献我们的智慧。

交通运输部副部长

二〇一〇年四月二十一日

编写组

组　长：李　刚

副组长：徐亚华　王水平　杨文银

成　员：王振军　蔡团结　冯立光

徐文强　顾孺鲁　李华强

黄景宇　范　立　郑　宇

闫　亮　关笑楠

目　录

Contents

一、出车前做好安全检查

公交车具有行驶路线单一、运营时间长、载客量大、行驶速度低、机件损耗快等特点，一旦出现故障，会影响线路的正常运营，甚至会引发意外。

事故，危及乘客的生命财产安全。抛锚，影响乘客正常出行和城市交通环境。要想保证公交车每天都能够按照线路计划正常运营，出站前做好安全检查是十分重要的。

1.车辆技术状况检查

每天出站前都要对车辆技术状况进行安全检查，发现异常和故障及时排除，保持车辆技术状况良好和车容整洁。

具体检查以下内容：

(1) 机油、燃油、转向助力油、制动液、冷却液、风窗玻璃洗涤液是否充足。

(2) 制动踏板的自由行程、制动蹄片的磨损情况、气压（油压）是否正常；制动管路有无渗漏现象。

(3) 转向盘的自由行程是否正常；加速、离合器、制动踏板下方是否有异物；变速器换挡是否顺利，有无拖挡、响齿现象。

(4) 仪表盘内各种仪表工作是否正常；前照灯、制动灯、转向灯、倒车灯、危险报警闪光灯等是否完好、洁净，工作是否正常。

(5) 车内外后视镜、广角镜和补盲镜是否完好无损，镜面是否洁净；刮水器片与风窗玻璃接触是否良好，刮水器工作是否正常。

(6) 气压是否正常，轮胎磨损是否超过极限，胎面是否有破裂、划痕，胎纹中是否有异物。

小贴士

车辆检查项目

机油燃油助力油　　制动冷却洗涤液

踏板蹄片油气管　　转向变速仪表盘

灯光照明后视镜　　轮胎气压车外观

2. 安全设施检查

车内安全设施主要用于保证运营途中乘客乘车安全。出站前，都要对车内安全设施进行检查，确保安全设施完整有效。

具体检查以下内容：

(1) 车门踏板是否牢固，有无破损和湿滑现象；车厢内乘客座椅是否完好无损，有无松动。

(2) 车上扶手和把手是否齐全、牢固；双层公交车，还需检查楼梯踏板是否完好、牢固；设有轮椅区的公交车，还需检查安全带等约束装置是否齐全、有效。

(3) 车窗是否能正常开启和关闭，应急门的手动开关是否能有效开启车门。

(4) 安全锤、灭火器等安全装置是否齐全。安全锤是否顺手可取；灭火器是否在有效期内、是否便于提取。

(5) 踏板、乘客区、铰接车的铰接段等区域的照明、监控摄像头、语音报站器、刷卡机、电子显示屏等电气设备是否正常工作。

(6) 铰接式公交车，需检查刚性段地板与转动部位地板之间的缝隙宽度、水平高度差是否正常。

(7) 电动公交车，需检查蓄电池中电解液的液面高度，检查蓄电池通气孔是否畅通；检查车顶搭铁与电线的接触是否有松动。

(8) 液化石油气（LPG）、压缩天然气（CNG）等新

能源公交车，需检查供气管路是否密闭、无泄漏。

小贴士

主要安全设施

车门踏板乘客座椅　　专用安全锤灭火器

照明设施电气设备　　语音报站器刷卡机

监控摄像电子显示　　GPS 装置

二、运营中做到安全、平顺

公交车运营途中，驾驶员和乘务员要密切配合，保持车辆行驶安全、平顺，秩序井然，为乘客提供安全、舒适、方便、快捷、经济的出行服务。

1．平稳起步、安全离站

车辆起步前，驾驶员通过监视系统或后视镜观察右侧车门，确认无乘客继续上下车后，关闭乘客门。有乘务员的公交车，乘务员负责观察乘客上下车情况，确认无乘客上下车后，向驾驶员发出关门信号，提醒他人给“老、弱、病、残、

孕”的乘客让座，有座的乘客要坐好，站立的乘客站稳扶好。乘客要按乘务员的提示让座或坐稳扶好，坐在最后排中间位置的乘客要抓好扶手。

驾驶员开启左转向灯，并通过补盲镜、左后视镜或向左方侧头，观察前下侧盲区、左侧和后侧的交通情况，并注意准备进站的车辆，确认安全后，平稳起步出站。乘务员示意站内候车的乘客远离公交车，提醒车上乘客车辆起步注意安全，站立的乘客最好侧向站立，双脚呈自然分开状，双手握紧扶手或把手，避免车辆在变更车道过程中因身体失去平衡而意外受伤。

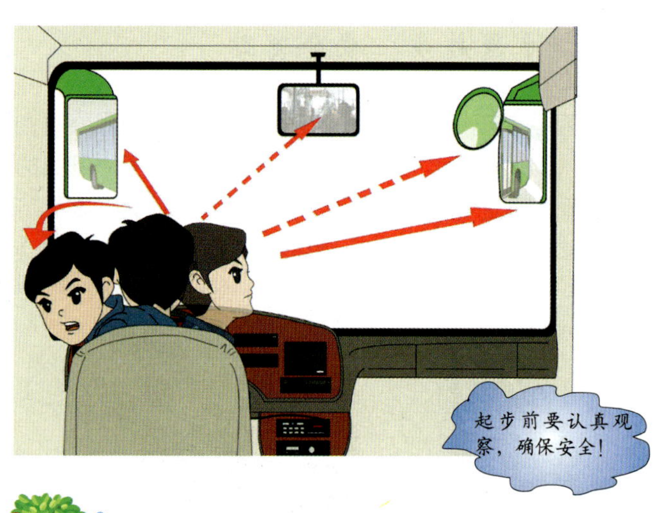

温馨提示

安全进出车站

驾驶员确认安全后，缓慢平稳起步离站，站内有引导员的，按引导员的手势依次出站。乘务员告知下一站下车的乘客，提前做好下车准备。准备下车的乘客，提前向下车门一侧位置移动，站立的乘客主动让出通道。前方如有

车辆未出站时，要注意观察前车的转向灯和制动灯，当前车开启左转向灯且制动灯熄灭时，随即开启左转向灯，并观察车辆周边的交通情况，在确认安全后，尾随前车缓慢起步离站，不得强行超车出站。

公交车离站后，有专用车道的路段在专用车道内行驶；无专用车道的路段要缓慢向左侧行车道行驶，同时注意观察左侧车道内车辆行驶情况，安全进入左侧行车道。向左变道转向角度不得过大或车身侵占两条以上车道，严禁连续变更多条车道。车上乘客较多时，乘务员及时疏导车内乘客，缓解车内通道和车门附近的拥挤状况。乘客要相互理解，尽量给他人以方便，站在通道上的乘客主动给准备下车的乘客让行。

常见驾驶陋习

◆起步时，不开启左转向灯示意。

◆操作配合不当，造成起步不平稳。

◆起步后，迅速向左大角度驶出，甚至侵占两条以上行车道。

◆起步后，连续变更多条车道。

◆在站内随意倒车。

◆出站时，强行向左侧贴靠、影响他人正常行驶。

◆野蛮出站，贴靠左侧正常行驶车辆。

2．行车途中，安全第一

行车途中，驾驶员要严格遵守道路交通法律法规和交通信号，按照规定的线路、站点、时间运营，禁止甩客、敲诈乘客或站点外揽客。行车中，保持安全速度和安全距离，城市道路将车速控制在40公里/小时以内，跟车行驶保持安全距离，遇前方车辆行驶缓慢时，及时平稳减速或安全超越，不要鸣喇叭催促其让行。不开赌气车，不开霸道车，避免急加速、急减速和紧急制动，做到文明礼让行驶。

常见驾驶陋习

◆野蛮驾驶、违法占道、霸道行驶。

◆连续并线、进入导向车车道不按导向线方向行驶。

◆经常急加速、急减速或紧急制动。

◆边驾车边吃东西、喝水或与乘客、乘务员热烈交谈。

◆超速行驶、频繁变更车道、闯红灯。

◆人行横道前不减速，与横过道路的行人抢行。

行车中，要控制行驶速度和安全距离，选择公交车道或右侧车道行驶，禁止选择内侧车道或超车道行驶。驾驶铰接式公交车转弯时，要注意内外轮差的影响，提前降低车速，缓慢转动转向盘，采取转大弯的方法通过，避免后侧车厢发生侧滑。双层公交车转弯，要避免因重心过高而发生侧翻。

乘务员要关照“老、幼、病、残、孕”等特殊乘客，及时疏导车内乘客，缓解车内通道和车门附近的拥挤状况，车上乘客拥挤时，注意乘车环境，督促驾驶员开启通风设施，高温或寒冷天气，注意使车内保持适宜的温度。在车辆转弯、交通拥堵或路况较差时，提醒乘客扶稳坐（站）好，不要在车内随意走动，制止不安全行为。

温馨提示

正确处理乘客的不良情绪

遇乘客抱怨、生气甚至无理取闹，对驾乘人员进行毫无根据的指责时，驾乘人员要心态平和，不要和乘客发生冲突。同时可进行换位思考，理解乘客的心情，通过耐心的解释，消除乘客的误会。

3．安全进站、平稳停车

公交车在没有设置公交专用车道的站点，应提前变更至最右侧车道行驶。设有公交专用车道的站点，公交车直接在专用车道内行驶。进站前，提前观察站内和周边的交通情况，确认安全后开启右转向灯示意，在不妨碍其他车辆正常行驶的情况下，平稳缓慢地靠右行驶。铰接式公交车进站前向右变更车道要尽量提前，避免妨碍其他车辆正常行驶。双层公交车靠右行驶，要注意路边低空障碍物、行道树的高度，以免发生刮碰。

小贴士

常见驾驶陋习

◆ 野蛮驾驶强行进站，截头斜插抢夺客源。

◆ 与其他正常进站的公交车抢占站位。

◆ 进站不开启右转向灯。

◆ 停车制动过急，停车不平稳。

◆ 不在站内指定地点停车，无故甩站或在车道中间停车上下客。

◆停车与前车距离过近与站台距离过远。

乘务员要提醒车内乘客车辆快要进站，注意坐（站）稳扶好，准备下车的乘客携带好自己的随身物品，在车辆完全停稳后再下车。准备下车的乘客检查随身物品，避免遗漏，距离下车门较远或者在双层公交车上层的乘客，在确保安全的情况下，提前向下客的车门方向移动，做好下车准备。在前方下车门等待的乘客，要注意自己的站立位置，不要挡住驾驶员观察右后视镜的视线。

车辆进站时，驾驶员注意观察站内乘客的动态，减速并做好随时停车的准备，避免紧急制动。遇上、下班时段或节假日出行高峰，车内乘客拥挤，站内候车乘客较为集中，更要注意观察。遇多辆车同时到站或站内已经停有车辆时，依次排队进站，并与前车保持足够的安全距离。站内设有引导员指挥时，按引导员的手势或指挥旗，低速驶入站点。

遇交通高峰或站点秩序混乱时，仍要在规定站点内停靠，不得在站点以外的路段甚至在道路中间停车上下乘客，不强行进站或“截头”停车。雨、雪天气进站停车时，尽量靠近站台，避开路侧积水，给乘客上下车带来不便。

公交车进站时，乘务员要注意观察是否对其他车辆和行人构成危险，重点观察候车人的情况，随时提醒驾驶员引起注意。同时可借助手势或指挥旗提醒其他车辆和行人，车辆

即将进站，请注意让行。告知乘客依次等待，不要着急和拥挤，把稳扶好不要走动，车停稳后再按序下车。

公交车到达停车站点时，使乘客门对准站点上车位置，车身应与站台边缘平行并保持合理距离，还应注意与前车保持足够的间距。停稳车辆后，驾驶员拉紧驻车制动，防止车辆发生溜滑。

驾驶员在开启车门前，要注意离门较近的乘客。乘务员要提醒车门附近的乘客，注意不要被车门夹伤，按秩序下车。驾驶员在确认安全后，再打开车门。

小常识

内摆式车门内侧的两根黑色立柱是车门的支架，不能当作扶手抓握。车门开启时，乘客如果抓握立柱，手臂有被夹伤的危险。

车门开启后，驾驶员或乘务员提醒乘客注意非机动车或行人，第一个下车的乘客要注意观察右后侧的情况，避免被自行车擦伤或与其他行人碰撞。

4. 引导乘客有序上下车

公交车辆停稳后，乘务员和站内引导员要引导乘客有序上下车。同门上下乘客的公交车，乘务员要提醒乘客“先下后上”。分门上下乘客的公交车，乘务员要引导乘客形成有序流动。双层公交车，乘务员还要提醒乘客上下楼梯时注意安全。

温馨提示

晕车乘客乘车安全须知

晕车乘客乘坐公交车时，把头伸出窗外让自己清醒是非常危险的，会造成与相邻车辆会车或者后车超越时刮伤。乘客因晕车而呕吐时，通常选择吐向窗外，这样不仅污染环境，还会有肢体受伤的危险。因此，有晕车史的乘客，乘车前，要保证好睡眠，提前服用晕车药，并准备好塑料袋，以备应急之需。

乘务员要疏导乘客尽量向车厢内移动，不要堵在车门附近，以免影响后面乘客上车。提示刚上车的乘客，不要聚集在车内右前侧区域，以免妨碍驾驶视线。乘客的行李要安全放置于行李舱或者行李架内，保持车内通道畅通，禁止在应急车门和车窗等紧急逃生位置堆放物品。乘务员要注意观查乘客携带的物品，遇可疑物品及时检查，严禁乘客携带易燃易爆等危险品乘车。

严禁乘客携带的危险品

危险品类别	代表性物质	危害性
易燃易爆品	汽油、煤油、柴油、乙醇炸药、雷管、烟花爆竹、指甲油、啫喱水、摩丝、发胶、染发剂、喷雾剂、卫生杀虫剂	受热、撞击、遇湿等外界作用，能发生剧烈的化学反应，瞬时发生爆炸或燃烧
剧毒品	农药、二甲苯	吸入或皮肤接触后可能造成严重受伤、健康损害甚至死亡
腐蚀品	硫酸、硝酸、盐酸	接触时会造成严重受伤
放射性物质	夜光粉、发光剂、放射性同位素	人接触后，轻者会造成细胞损伤、头晕、疲乏、脱发等，重者会引起白血病、癌变甚至死亡，或引起基因突变和染色体畸变
刀具、枪械	自制枪、制式枪、仿真枪、子弹、管制刀具、匕首、弹簧刀	管制枪械、刀具，制造抢劫、人身伤害事件的工具

驾驶员要通过后视镜、监控设备观察乘客上下车情况，注意乘务员给出的信号，确认没有上、下车乘客后再关闭车门，不得催促乘客上下车。遇车前、后方有奔跑赶车的

乘客时，在不影响其他车辆安全运行的情况下可耐心等待乘客上车。

三、特殊道路环境安全运行对策

公交车在特殊道路行车时，要注意了解环境特点，掌握通行规律，合理控制车速和选择行驶路线，规范操作、谨慎驾驶、提前预防，确保行车安全。

1. 雨天行车七不要

(1) 不要使用紧急制动。雨天路面湿滑，公交车紧急制动易导致侧滑，双层客车有可能造成侧翻，铰接式公交车会造成折叠，车内乘客会因此磕碰、摔倒，甚至受伤、致残。轻踩制动、间歇制动是较为安全的减速方法。

(2) 不要频繁、紧急躲避路面积水。行车中频繁躲避积水或见积水就紧急转向避开，会引起乘客左右摇晃站立不

稳，又容易造成后面车辆驾驶员的误解，引发事故。

(3) 不要在进站时快速贴靠站台。雨中公交车进站时快速贴靠站台，会溅起站台内积水，打湿候车乘客衣服。另外，要预防站台内候车人急于上车，出现拥挤摔倒现象。乘务员要告知带雨伞的乘客，上车后要注意收好雨伞，折叠伞放在提包、纸袋内，长把伞的伞尖要朝下，避免车辆减速或制动过急时戳伤其他乘客。

(4) 不要盲目涉水。遇较大积水路段，特别是立交桥下、深槽隧道等有大量积水时，要注意观察水的深度，必要时

要下车测试，水位较高时，不要盲目涉水，以免造成发动机熄火，使车辆陷于水中。

(5) 不要轧松软路基。雨天行车，遇软路基的路段，要注意观察有无塌陷迹象，避免车轮轧软路基。在软路基的路边车站上下乘客时，要选择坚硬路面停车。在山区、乡村的低等级路段行驶时，应尽量靠道路中心行驶。

(6) 不要用高速挡驶过泥泞、翻浆道路。遇泥泞、翻浆路段时，不要使用高速挡，要使用中速挡或低速挡，保持车辆足够的动力一气通过，不得停车或忽快忽慢行驶，切忌急

转转向盘，以免发生侧滑。

(7) 不要在暴雨、大暴雨中行车。行车中遇到暴雨、大暴雨，影响驾驶员视线，不能保证行车安全时，要及时选择安全地点停车，待暴雨、大暴雨过后再继续行驶。停驶期间，乘务员要做好安抚、解释工作，争取乘客的谅解。

2. 雾天行车两要点

(1) 雾天行车，要及时打开防雾灯、近光灯、示廓灯和后位灯，适时鸣喇叭，告知其他车辆和行人。行车中，注意观察其他车辆和行人的动向，不要沿路边行驶，预防路边

有临时停车、等待雾散的人员。发现前方车辆停靠右加速行驶，不可盲目超车，要考虑到前车是否在等让对面来车。

(2) 保持低速行驶，根据能见度的距离适时控制车速，能见度小于 200 米大于 100 米时，时速不得超过 60 公里；能见度小于 100 米大于 50 米时，时速不得超过 40 公里；能见度在 30 米以内时，时速应控制在 20 公里以下；能见度在 10 米左右时，时速应控制在 5 公里以下。浓雾天气，驾驶员难以辨别前方道路情况时，要及时停车，待能见度提高后再行驶。

防雾灯的作用

防雾灯只能在雾天使用，其作用不是为了照明，而是提供一个高亮度的散射光源。前雾灯光源为黄色，可穿透浓雾，提醒对面来车的驾驶员。后雾灯的光源为红色，用于提醒后方尾随行驶车辆的驾驶员。

3. 雪天行车三要素

（1）正确使用防滑链。在冰雪地行车，有条件的要安装防滑链。公交车起步，加速要缓慢，以防车轮打滑和车辆侧滑。行车中，充分利用发动机的牵阻控制车速，低速行驶，加大车间安全距离。在有车辙的路段循车辙行驶，积雪覆盖的道路，道路的轮廓难以辨别时，要根据道路两旁的树木、电线杆等参照物判断行驶路线。

(2) 合理制动。减速、停车和处理情况，要利用发动机的制动作用降低车速，不得使用紧急制动，也不能采取急转向的方法躲避，以免发生侧滑或转向失控。急减速时，采用间歇缓踩制动踏板附以驻车制动器的方法，切忌将行车制动器一脚踏到底或使用驻车制动器过急过猛。车辆发生侧滑时，应立即缓慢、适当地向后轮侧滑的一方转动转向盘，可连续数次回转转向盘，以便调整车身。

(3) 科学超会车。冰雪路上超、会车时，为预防车辆侧滑或与其他车辆发生刮碰，选择比较安全的地段靠右侧慢

行，并保持安全间距。在结冰的道路上会车时，要提前减速，稳住转向盘，适当增大两车的横向间距，且与路边保持一定距离。必要时，可在较宽的地段停车让行。

4. 夜间行车一核心

夜间安全行车的核心是根据道路和交通的需要，正确使用灯光。

夜间起步前，先开启近光灯，仔细观察道路及周边情况，确认安全后再起步。在没有路灯或照明不良的道路上行车，车速高于每小时 30 公里时，使用远光灯。车速低于每小时 30 公里时，使用近光灯。在有路灯、照明良好的道路上行驶时，使用近光灯。

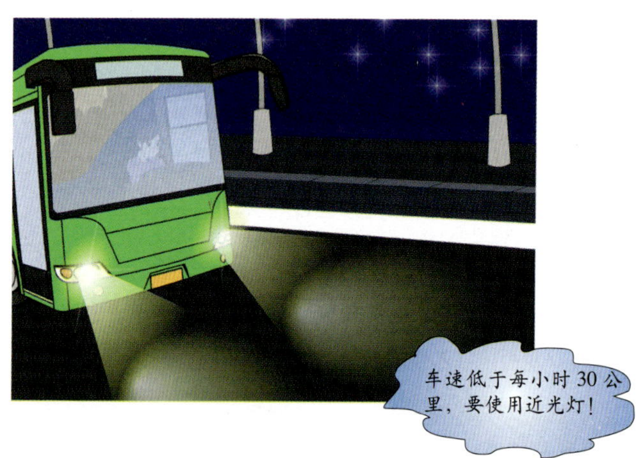

夜间在照明条件好的道路上会车，两车交会时关闭近光灯，只开小灯或示宽灯，当两车的前照灯通过驾驶室后，方可开启近光灯行驶。在没有路灯或照明不良的道路上会车，距对面来车 150 米之外，配合对方车辆变换远、近光灯（即对方开远光灯时，可使用近光灯；对方用近光灯时，可使用远光灯），观察道路前方情况，根据道路条件控制车速，尽

量靠右侧行驶。遇对面来车不关闭远光灯时，可继续变换远、近光灯示意，若对方车辆仍不改用近光灯，不要直视对面来车的灯光，及时减速或停车让路。

夜间同方向近距离跟车行驶，使用近光灯，并保持较大

的安全车距。行车中，随时注意观察前车信号灯的变化，同时做好减速或停车的准备。行驶速度应控制在遇到紧急情况制动时，车辆能在前照灯的照射范围内安全减速、停车。

夜间在城市道路或夜间照明好的路段超车或变更车道时，提前开启转向灯，在不影响其他车辆正常行驶的前提下，逐渐变更车道。超车要变换远、近灯光提醒被超车辆。确认被超车辆让车后，加速超越。超越后，在不影响被超车辆行驶的前提下，开启右转向灯逐渐驶回原行驶车道。

夜间通过照明条件好的城市交叉路口或人行横道时，提前选择行驶车道。距路口 100 米减速慢行，接近路口时关闭近光灯，按交通信号灯的提示通过或等候。通过时，可交替变换远、近光灯提醒来往车辆行人，注意提防暗中的行人和非机动车，降低车速，谨慎驾驶车辆。通过视线较差或没有交通信号灯控制的交叉路口时，距路口 150 米以外，变换远、近光示意。

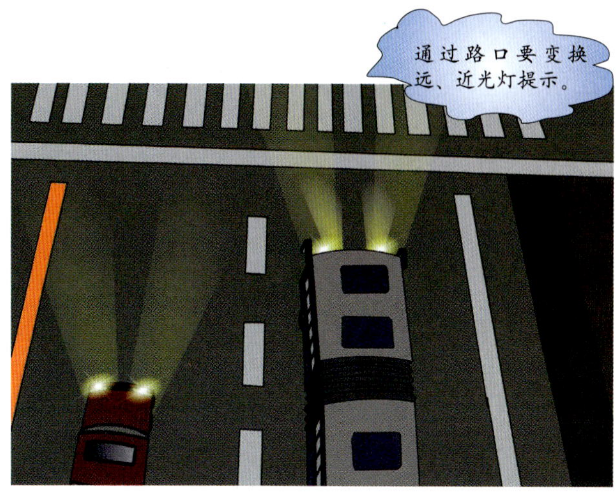

夜间通过较急的弯路，在距转弯 150 米处，交替变换远、近光灯示意，转弯时关闭远光灯，开启近光灯，低速靠右侧行驶，并随时做好停车准备。通过连续弯道时，应持续交替使用远、近灯光示意，将视线注视到弯道尽头，适时调整行驶方向，确保安全。

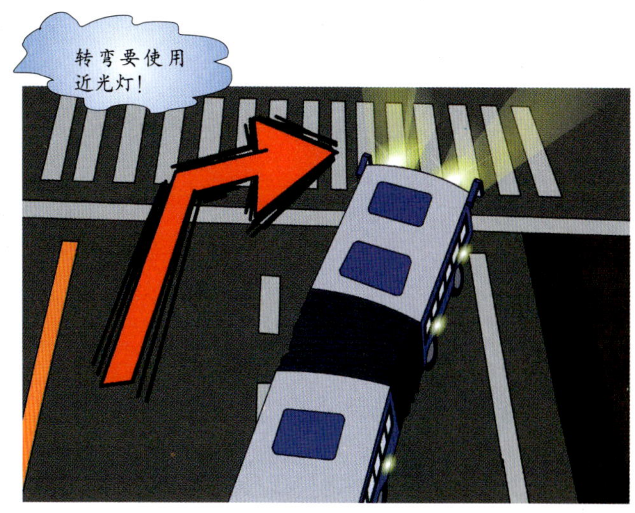

夜间上坡或拱桥行驶，提前加速冲坡，交替变换远、近光灯示意，提醒对面来车和行人注意。车辆驶近坡或桥顶时，要合理的控制车速，将远光灯换为近光灯，以防对面来车眩目而造成车辆失控。下坡或下桥行驶时，开启远光灯，以增大视线范围。

四、应急处置不慌、不乱

运行中遇紧急情况时，驾驶员和乘务员不要惊慌失措，保持理智和冷静，按照“及时停车、保护现场、抢救伤员、迅速报警”的程序进行处置，做到不慌、不乱，反应迅速、处置及时。

1. 乘客磕碰、摔倒

公交车在行车中遇紧急情况时，驾驶人应采取一些避让、制动措施。如果乘客未能坐好或未扶好站稳，很可能会发生磕碰，甚至摔倒。遇乘客在车上发生磕碰、摔倒时，乘务员要立即查询车内乘客情况，如有受伤者，要仔细察看伤情，安抚伤者，必要时通知驾驶员靠边停车，及时进行救护处理。

乘客因碰撞、摔倒受伤比较严重，需要送往医院急救时，驾驶员、乘务员要向其他乘客做好解释工作，取得乘客的谅解后，组织乘客换乘其他车辆，将伤员送往就近医院救治，同时通知公司。乘客要予以理解，发扬人道主义精神，积极配合驾驶员和乘务员做好伤员抢救工作。

2. 乘客突发疾病

乘客在乘车时突发疾病，需要进行及时的救助。常见的突发疾病有心脏病、脑血管病、间歇性精神病、癫痫（精神失常、晕厥）以及晕车、中暑、虚脱等。发现乘客突发疾病时，乘务员能够帮助患者处理的，要及时进行救助。如果患者随身携带有急救药的，乘务员可迅速帮助患者服（喷）药，以缓解症状。

对未带急救药物的突发病人，乘务员要大声向车内乘客询问，是否有医生或带有针对症状的急救药，利用一切可用的条件，对患者提供帮助。乘客之间应互相关照，如遇身边乘客突发急症，应及时告知乘务员或驾驶员，并力所能及地配合救助。

遇需要紧急送往医院抢救的患者，驾驶员、乘务员要向乘客做好解释工作，取得大家谅解，并安排好其他乘客的旅程，对患者做一定的处理后，紧急送往医院救治。在没有能力对患者提供帮助或必须由医生进行专业处理的情况下，要迅速呼叫120或999寻求专业救援。

温馨提示

不要带病乘坐公交车

自身患有某些疾病时，体质虚弱，尽量不要乘坐公交车出行，长时间在人员密度大、空气流通较差、颠簸劳顿的公交车内，容易造成身体突发不适，甚至晕厥。患有上呼吸道感染、肺炎等具有传染性疾病的患者，千万不要乘坐公交出行，以免传染其他乘客，危害他人的健康。

3. 发生交通事故

发生交通事故后，驾驶员应立即停车，关闭发动机并切断电源，拉紧驻车制动器，开启危险报警灯，正确放置危险警告标志。驾驶员、乘务员组织车上乘客迅速疏散到安全区域，保护好现场。在高速公路上发生事故时，要迅速将乘客疏散到来车方向150米以外高速公路护栏外的安全区域，不可在事故车前方疏散乘客或让乘客滞留在高速公路护栏内，以防再次发生事故。

事故未造成人身伤亡，当事人对事实及成因无争议的，仅造成轻微财产损失，基本事实清楚的，当事人应立即撤离

现场，恢复交通。车辆有损坏时，也可使用相机或者手机从不同角度拍摄车辆受损部位、受损程度后撤离现场。驾驶员可在符合公司相关规定的原则下，自行协商处理损害赔偿事宜。不能自行解决的事故，立即报警，及时向公司汇报，并通知保险公司。

现场有伤员时，驾驶员、乘务员迅速组织伤员的自救和互救，现场抢救应遵循先人后物、先重后轻、先人后己的原则，即先抢救伤员，后抢救财物；先抢救重伤员，后抢救轻伤员；先抢救乘客，后照顾自己。伤员需要移动时，要先标记伤员的原始位置。公交车需要移动时，要标记停车位置，可在每个车轮外延中心垂直于地面上标划“T”形线。

4. 车辆意外失火

公交车发生意外失火时，驾驶员要保持冷静，沉着应对，在尽快停车后的第一时间内迅速开启车门（必要时可停车、开启车门同时进行）和应急车门，关闭电源、燃油、燃气开关。乘务员要大声提醒乘客注意采取措施保护呼吸系统，组织就近选择逃生路线。乘客要稳定情绪，服从驾驶员和乘务员的指挥，避免拥挤造成踩踏伤害，确保全部乘客尽快安全有序的顺利逃离。

小贴士

遭遇火灾的“三要”“三不要”

要保持冷静，就近选择正确的逃生路线和方法，抓紧时间逃离火区。

要保持逃生秩序，因浓烟视线不清时，可抓住前方乘客的衣角跟随逃离。

要用衣物或毛巾（湿毛巾效果更好）捂住口鼻，保护呼吸系统。

不要惊慌失措，挤压踩踏、盲目乱窜、盲目跳车会影响逃生和增加受伤几率。

不要盲目呼喊，烟雾和有毒气体进入呼吸道，会造成呼吸道损伤或窒息。

不要留恋财物，重返火海取衣物，会危及生命，无异于舍命不舍财。

车门无法打开时，驾驶员、乘务员要维持车内乘客秩序，通过操纵应急阀手动及时打开应急车窗，组织乘客逃生。逃生时，避免拥挤造成踩踏伤害。

打开应急车门的方法

方法一：从车内开启应急门时，先将应急阀垂直向外拉出，双手握住一扇车门的扶手，左手向外推，右手往里拉，就可以开启车门。

方法二：从车外开启应急门时，可打开安全阀的阀盖，按指示方向旋转该安全阀，将车管路中的气压放掉，就可以开启车门。

遇车门无法开启时，驾驶员、乘务员要维持好乘客秩序，通过应急窗逃生。遇公交车发生侧翻事故时，可将安全顶窗扳手旋转90度，用力向外推出，即可作为乘客的撤离通道。

几种不同装置应急窗的逃离方法

方法一：装置推拉式应急窗的公交车，出现紧急情况时，乘客可用手将车窗平移开启，依次跳窗逃生。

方法二：装置外推式应急窗的公交车，出现紧急情况时，只要拧动扳手，就可以把整扇车窗向外推开，依次逃生。

方法三：装置提拉式应急窗的公交车，按下车窗下面两侧的开关后，用力向上提拉就可以打开车窗，依次逃生。

车窗是封闭式的公交车，要迅速用安全锤或其他坚硬物体敲碎“安全出口”玻璃或其他车窗玻璃，组织乘客有序逃生。标有“安全出口”或者“EXIT”标志的应急窗，钢化玻璃上有引导性敲击标志，按其指示部位敲击即可。如没有标志，则需先用力敲击玻璃的边缘和四角，再猛力敲击其中部，即可破窗而出。

人员疏散后，尽快使用灭火器给油箱和燃烧部位降温灭火，避免爆炸和控制火势蔓延。使用灭火器灭火时，人要站在上风处，一手握住灭火器手柄，一手握住灭火器喷管。按下手柄，将软管对准火焰根部由近及远，左右快速推进喷射，直至把火焰全部扑灭。火势不能控制时，及时拨打119、110、122报警。如有伤员，要立即拨打120或999求救，并向公司有关领导汇报。

温馨提示

衣服被火烧着了怎么办?

- 迅速脱下衣服，用脚将火踩灭。
- 如果来不及脱下衣服，可就地打滚，将火压灭。
- 他人身上衣服着火时，可脱下自己的衣服将其捂灭。
- 不要用灭火器向人身上喷射。

5．发生盗窃

乘务员在车上发现小偷要行窃时，可用警示语气提醒乘客看管好自己的财物，也可用提醒乘客往里走的方法，帮助该乘客远离小偷。乘客要提高警惕，学会理解乘务员的“话中话”，车内比较拥挤时，尽量避免被他人紧紧贴靠。

乘客发现自己身边有小偷要扒窃时，可两眼正视他一下，表明自己已经注意到他，小偷会自然罢手，也不会惹出祸端。发现车上有盗窃团伙作案，驾驶员可配合乘务员采取应急措施，如将车直接开往公安机关、拨打110报警、利用违法驾驶等方法引起警察注意，借以寻求警察帮助。

温馨提示

怎样识别小偷？

有句识别小偷的话，叫“一看眼睛，二看手，三看衣着，四看走”。小偷的眼神游移不定，东张西望，不扶安全扶手，双手交叉于胸前，以便随时“下手”。小偷喜欢着西装、风衣等前襟敞开的衣服，便于掩护。小偷一般会穿跑鞋或轻便的运动鞋，在人多的地方喜欢不停地改变位置，有空位也不坐，伺机行窃。夏季小偷多持报纸、杂志、手提袋等物遮挡他人视线行窃。

小常识

公交车上常见的盗窃手法

公交车上常见的盗窃案有掏兜、割包、顺手机、摘项链等。小偷行窃时常用手掏、镊子夹、刀片割、剪刀铰等手法。行窃时各有分工，有动手操盘的、有望风的、掩护接应的，手段五花八门，乘客要提高警惕，保管好自己的财物。

在公交车上有乘客报告失窃时，驾驶员要立即选择安全地点或有利地形停车，乘务员要详细了解乘客被盗情况，发动乘客协助在车内寻找失窃的财物。乘客能够指认的盗窃者，驾驶员、乘务员要严厉指责这种盗窃行为，同时争得其他乘客的支持，调动集体的力量迫使其交出盗窃的财物。当乘客无法指认盗窃者时，驾驶员、乘务员在征得其他乘客的同意后，拨打110报警或将车开到当地公安机关，求助警察查询。

温馨提示

乘车防盗口诀

汽车进站莫拥挤，先下后上有秩序，全民防盗警惕高，贼人清水难摸鱼。

钱不外露贴身藏，钱包皮夹内兜装，背包改作胸前挂，提包挎包怀里放。

小偷行窃有迹象，眼神动作不寻常，提醒乘客多注意，我自从容贼自慌。

6. 遇抢劫、劫持

公交车遭遇抢劫、劫持时，驾驶员、乘务员不要惊慌，要克服畏惧、恐慌情绪，冷静分析所处的环境，在确保乘客

不会受到伤害的情况下，尽可能与劫匪巧妙周旋，并设法向110报警。在与劫匪周旋的同时，尽量准确记住犯罪分子的体貌特征，如身高、年龄、体态、发型、衣着、胡须、疤痕、语言、行为等，以备事后报案。

小常识

报案时应注意些什么？

◆ 要尽可能在第一时间报警，越快越好，早一分报警，多一份安全。

◆ 听到民警接电话后，要保持冷静，报告最重要的信息，包括地点、时间、发生什么事件、现状、有无采取措施、不法分子的人数和特点等。

◆ 报警内容要实事求是，不要夸大事实。

◆ 报警人要尽量提供警情发生的确切位置，报警后请不要离开现场，在现场附近等候。

◆ 报警人应设法保证自己不因报警而受到伤害。

车内发生抢劫乘客财物时，驾驶员可选择合适位置靠边停车，设法稳定乘客情绪，防止乘客情绪失控，与劫匪发生冲突；在保护好乘客与自身安全的前提下，采取一些可行的自救措施，以免事态恶化。劫匪劫持车辆时，驾驶员要保持沉着冷静，控制好车辆，与乘务员密切配合，巧妙应对及时报警，确保车上乘客不受伤害。

温馨提示

在公交车上遭遇枪战怎么办？

◆ 乘客要听从驾驶员和乘务员的指挥，避免受到伤害。

◆ 不要站立，迅速低头隐蔽于座椅下，或蹲下、趴下，以避开子弹。

◆ 情况不明时不要下车，要仔细观察情况，伺机安全逃离。

◆ 车厢下、轮胎旁是射击死角，在这些地方躲避较安全。

◆ 逃生到安全地点后，发现有乘客受伤，及时进行自救互救。

乘客要积极配合驾驶员和乘务员行动，一旦时机成熟，关闭车门，截断不法分子的逃生之路，齐心协力团结一致，在确保车上人员安全的前提下，勇斗歹徒，将歹徒制服后押送公安机关。如果歹徒逃跑，记住其体貌特征、逃跑的方向及使用的交通工具的种类、车型车号、颜色等，留下两名以上目击者协助警察调查。

7．面临爆炸危险

有人宣称车上有爆炸物时，驾驶员和乘务员要沉着冷静，

稳定乘客情绪。宁可信其有，不可信其无，不能存侥幸心理，尽快组织乘客离开公交车，并迅速报警，求助警方专业人员处理。

遇到局部爆炸时，驾驶员、乘务员不要惊慌，大声提示乘客迅速卧倒，对可疑物品不要触动。乘客要服从指挥，按照驾驶员和乘务员的要求，迅速离开公交车，千万不要因顾及行李物品而浪费宝贵的逃生时间。

温馨提示

如何检查可疑物品?

◆ 一问。对车上无人看管的可疑物品要提高警惕，询问有无失主认领。

◆ 二看。仔细观察可疑物品或可疑部位有无暗藏的爆炸装置。

◆ 三听。侧耳倾听可疑物品有无响声。

◆ 四嗅。自制黑火药有臭鸡蛋味，自制硝铵炸药有氨水味。

8. 车辆抛锚

车辆发生故障抛锚后，驾驶员和乘务员要保持冷静，理智应对，做好对乘客的解释工作，并迅速将乘客疏散到安全地带。就近有车站的，乘务员可引导乘客换乘同一线路上的下一辆公交车。远离车站时，驾驶员和乘务员可拦截同一线路的其他公交车，组织乘客换乘。必要时可通知公司派公交车运送乘客。

驾驶员设法将车移至不妨碍其他车辆正常通行的安全地

方，设置安全警告标志牌，根据自己能力和水平排除故障或进行应急处理措施后，将车开到修理厂，由专业人员处置。不能自己处理的故障，要及时通知公司等待救援，不能盲目动手，以免将故障扩大，造成不必要的损失。

五、运营服务必备

公交车驾驶员和乘务员，必须具备良好的职业素质和服务意识，掌握一定的专业知识、药物常识和伤病员急救方法。

1．保持良好的职业行为

公交车驾驶员要具有良好的驾驶行为和职业道德。驾驶车辆时，自觉遵守交通法规，牢固树立服务意识，时刻想着乘客的安全，控制好自己的情绪，以平和的心态、稳定的思绪、良好的精神状态，集中注意力、文明礼让、安全行车。不能自认为有多年的驾车经验，驾驶技术高超，公交车理应优先通行等，而开“英雄车”、“自由车”、“斗气车”和“霸道车”。

乘务员要自觉遵守职业守则，执行有关服务规范，热情为乘客服务，耐心解答乘客的疑问，想乘客之所想，主动帮助旅客解决困难。遇乘客情绪激动、言语过激，甚至辱骂等行为时，乘务员要保持高姿态，尽量做到容忍，耐心解释，动之以情，晓之以理，尽量用良好的服务态度去感化，切勿情绪激动、言语过激，避免与乘客发生口角。以免破坏车内环境，导致驾乘人员产生不良情绪、注意力分散而引发交通事故。

驾驶员、乘务员等人员从事运营服务时，不得有下列行为：

（1）不按核准的线路、站点、时间、票价运营；

（2）甩客、敲诈乘客或者滞站揽客；

（3）拒绝享受免费乘车待遇或者持优待票乘车的乘客。

2. 关心"老、幼、病、残、孕"等特殊乘客

"老、幼、病、残、孕"等特殊乘客在乘坐公交车时，驾驶员、乘务员及其他乘客需要给予更多的关爱。乘务员要注意帮扶，及时协助找好座位；乘客应主动让座；驾驶员要在确认乘客坐稳后缓慢起步，使"老、幼、病、残、孕"乘客的出行安全得到保障。

老年人上车后，乘务员要注意询问到达的站名，行车中注意观察老年人的动态，随时准备处理意外情况。车辆快要到站时，乘务员要提醒老年人不要着急下车，待车到站停稳后，帮扶老年人下车。待老年人完全下车后，驾驶员才能关闭车门起步。

儿童上车后，乘务员要及时提醒家长看护好自己的孩子，没有家长随行的要让儿童在座位上坐好，不要乱跑，禁止将

头、手伸出窗外。车辆行驶中，乘务员要注意儿童的动态，发现儿童之间相互打闹、追赶等行为，及时制止。

遇病残乘客时，乘务员要主动下车帮扶乘客上车，安排座位并引导入座。使用轮椅的乘客上车，要使用车辆举升装置或导板，让乘客无障碍上车。上车后，乘务员协助乘客用安全带将轮椅捆扎牢固，防止车辆行驶过程中轮椅翻倒或滑动致人受伤。行车中要注意观察残疾人的动态，随时准备给予帮助。到站时，要在车辆停稳后，再帮助残疾乘客下车。

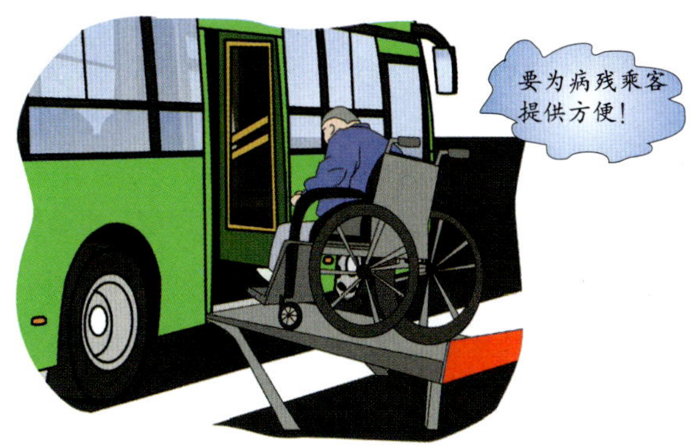

孕妇上车后，乘务员应帮扶孕妇在专用座位上坐好。无专用座位的，乘务员要考虑到孕妇身体臃肿、不灵活，行动

缓慢等特点，帮助选择适用孕妇的座位就坐。车辆运行中，乘务员要注意观察孕妇的情况，发现晕车或因生理反应而呕吐时，及时告知不要把头伸出窗外呕吐，帮助其吐到塑料带内。

3. 预防疲劳驾驶

保证足够的睡眠时间和良好的睡眠效果。养成按时就寝和良好的睡眠姿势，每天保持 7 ~ 8 小时的睡眠；睡前 1.5 ~ 2 小时内不饮食，睡前 1 小时内不多饮水、不进行过度脑力工作；卧室内保持通风、清洁，床不宜太软，被子不要过重、过暖，枕头不宜过高。

养成良好的饮食习惯，提高身体素质。膳食宜选择易消化、营养价值高的食品；饭量以七、八成为好，勿暴饮暴食；每餐间隔以 5 ~ 6 小时为宜，尽量做到定时就餐，切忌饱一顿，饥一顿。

科学、合理安排行车时间和计划，注意行车途中的休息；连续驾驶时间不得超过 4 小时，连续行车 4 小时，必须停车休息 20 分钟以上；夜间长时间行车，应由 2 人轮流驾驶，交替休息，每人驾驶时间应在 2 ~ 4 小时之间，尽量不在深夜驾驶。

注意合理安排自己的休息方式。驾驶车辆避免长时间保持一个固定姿势，可时常调整局部疲劳部位的坐姿和深呼吸，以促进血液循环。

驾驶员出现视线模糊、腰酸背疼、动作呆板、手脚发胀或有精力不集中、反应迟钝、思考不周全、精神涣散、焦虑、急躁等现象时，要及时调整休息，不得勉强驾驶车辆。

4. 懂得疾病、药物的副作用

驾驶员患有重感冒、发烧或鼻塞时，会出现头晕、打瞌睡、多喷嚏等现象。患有动脉硬化、高血压、高血糖或高血脂的驾驶员，连续高强度的运行后，会出现头痛、头晕、无力、烦躁和判断力下降等现象。患有以上及其他心血管、心脏疾病的驾驶员，勉强驾驶车辆会影响行车安全，甚至会引发交通事故。

驾驶员服用对神经系统有影响的药物，如催眠药、止痛药、治疗高血压药后，会使驾驶员反应迟钝，注意力降低，容易发生交通事故。如服用安达可辛、苯巴比妥等镇静类药物后，驾驶员可能会出现四肢无力、全身疲软、目眩头晕和反应能力下降。服用阿斯匹林、安乃静、可达因和各种抗菌素等治疗感冒、各种炎症的解热、镇痛、消淡止咳药物后，驾驶员可能会出现疲倦、注意力减退、反应能力和动作协调能力下降。服用治疗胃、肠、呼吸和血液循环器官的药品，能导致瞳孔的扩张和收缩，眼睛的调节能力和视力降低，视野缩小，目测能力变坏。

常见药物的功能与副作用

药　物	功　　能	副 作 用
抗菌消炎药	抗感染	头晕、眼花、乏力、恶心
兴奋药	兴奋、抗疲劳	影响判断、冲动、幻觉
镇静药	安眠	瞌睡、疲乏、眩晕、说话含糊
抗过敏药	抗过敏	头晕、嗜睡

续上表

药 物	功 能	副 作 用
降压药	抗高血压	疲劳、嗜睡、头晕眼花
阿托品类药	治疗肠病	视力模糊
降糖药	治疗糖尿病	疲劳、多功能失调、障碍
麻醉止痛药	止咳、镇痛、镇静	嗜睡、成瘾

心脏病、癫痫病、精神病、高血压等患者乘坐公交车时，如果车内存在拥挤、空气质量差、温度不适宜等情况，易使疾病突然发作。流行性感冒及其他传染性疾病患者，容易把疾病传染给其他乘客。吸食、注射毒品、长期服用依赖性精神药品成瘾尚未戒除的乘客乘坐公交车时，可能会突然引发毒瘾，影响自身的出行安全，而且还会扰乱乘车秩序。患有以上疾病的人群，不适用乘坐公交车出行。

5. 常见伤病员急救方法

公交车运行中遇到乘客突发疾病或因事故造成意外伤害时，驾驶员要及时选择安全的地点停车，乘务员和乘客要在力所能及的情况下进行紧急救护和帮助。同时，拨打急救电话，迅速请求医疗急救机构支援。

遇乘客心脏病突发时，乘务员可在乘客的帮助下迅速给病人服用急救药（病人随身携带或车上备用），将病人平卧，解开领扣，松开裤带，避免胸、腹部受压。口鼻腔内有分泌物时及时清除，保持呼吸道通畅。病人下车时，要采用担架或多人平抬等方法。

救助突发脑溢血患者时，要让患者呈平卧位，头偏向一侧，保持气管通畅，以防血液、呕吐物吸入气管。然后，迅速松解患者衣领和腰带，用冷毛巾覆盖患者头部，以减少出血量。天冷时要注意对病人保暖，天热时注意降温。将患者送往医院的途中，将患者头部稍稍抬高，随时注意病情变化。车辆要尽量平稳行驶，以减少颠簸振动。

脑溢血的症状

脑溢血发病急、进展快，发病时的典型症状有：头痛、呕吐、偏瘫、失语、意识障碍、昏迷、发热、呼吸慢而深、血压升高，严重时还可出现高热、大小便失禁等。

抢救中暑的乘客，要迅速扶病人仰卧位，头稍垫高、解开衣裤，采取通风措施。有条件的可将冰块（或冰棍）装在塑料袋内，放在病人的额头、颈部、腋下和大腿根部，以降低体温；也可按摩病人的四肢及躯干，直至皮肤发红，以促使循环血液将体内热量带到体表散出。对于病人神志清醒，可喂饮清凉饮料、糖盐水及人丹、十滴水、藿香正气水等清热解暑药。病人神志不清时，可针刺或用手指甲掐病人的人中穴（鼻唇之间中上 1/3 处）、内关穴（手腕内侧上方约 5 厘米处）以及合谷穴（即虎口）等，促使病人苏醒。病人出现呕吐的，要将其头部偏向一侧，以免呕吐物呛入气管引起窒息。症状不能缓解，甚至出现痉挛的病人，在积极进行上述救助的同时，尽快送往医院抢救。

预防晕车的方法

方法一：在乘车前30分钟用温开水送服1～2粒乘晕宁，小儿酌减；也可用感冒通、安定片替代，方法同上，效果一样。

方法二：取新鲜生姜片或鲜土豆片，用伤湿止痛膏贴于神阙穴（肚脐），同时将伤湿止痛膏贴于内关穴（手腕内侧上方约5厘米处），用手指轻轻按摩穴位，口中亦可再含一片鲜姜，也有一定的预防作用。

方法三：乘车前1小时左右，将新鲜桔皮表面朝外，向内对折，然后对准两鼻孔挤压，皮中便会喷射出带芳香味的物质。连续吸入10余次可以预防晕车，乘车途中也可照此办理。

方法四：乘车前，将风油精滴于肚脐处，并用伤湿止痛膏敷盖；乘车途中，将风油精搽于太阳穴，均可达到防治效果。

方法五：乘车前喝一杯加醋的温开水，途中也不易晕车。

方法六：有晕车史的乘客可在上车前将腰带束紧，上车后双目注视远方，尽量少看近处物体，车辆行驶中要抓紧扶手，减缓身体的晃动，可以减缓、减轻晕车症状的发生。

救助烧伤伤员时，要将伤员迅速脱离火区，对未脱掉的衣服，尤其是毛衣和棉衣，要仔细检查是否有余火未灭，以免复燃，造成二次烧伤。烧伤创面不可使用粉剂、油膏等敷料，要使用消毒纱布覆盖，防止创面再次受到污染。对粘在皮肤上的污物及衣服残片不要强行清除，可直接用清水冲洗创面或对创面进行浸泡，湿敷后送医院。烧伤严重的伤员口渴时，可适量饮用淡盐水补充水分，以防脱水休克。

发现伤员无呼吸时，立即对伤员进行口对口人工呼吸。如伤员无脉搏或心脏停止跳动，要迅速实施胸外心脏按压。当伤员心跳呼吸都停止或昏迷时，迅速实施心肺复苏术（胸外按压加人工呼吸）进行抢救，以挽救伤员的生命。

伤员较大动脉出血时，可采用指压止血法，用拇指压住伤口的近心端动脉，阻断动脉运动，达到快速止血的目的。颈总动脉压迫止血法，常用于伤员颈部动脉大出血而采用其他止血方法无效时使用。在紧急情况下急救伤员时，须先用

压迫法止血，然后再根据出血情况改用其他止血法。

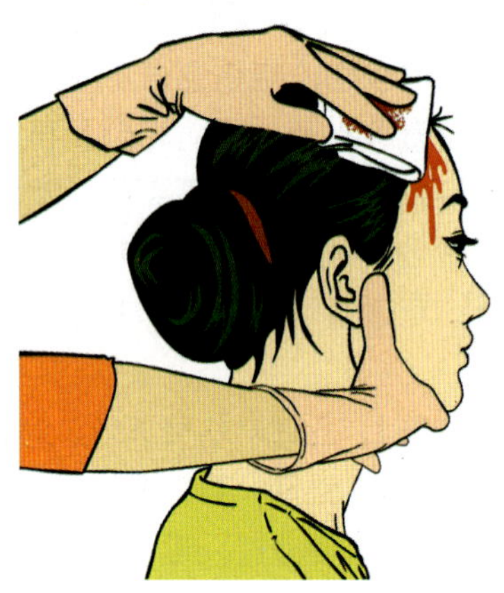

伤员上肢或小腿出血，且没有骨折和关节损伤时，可采用屈肢加垫止血法止血；如伤员前臂或小腿出血，可在腋窝或肘窝加垫屈肢固定。包扎止血用的物品有绷带、三角巾、止血带，不能用麻绳代替。

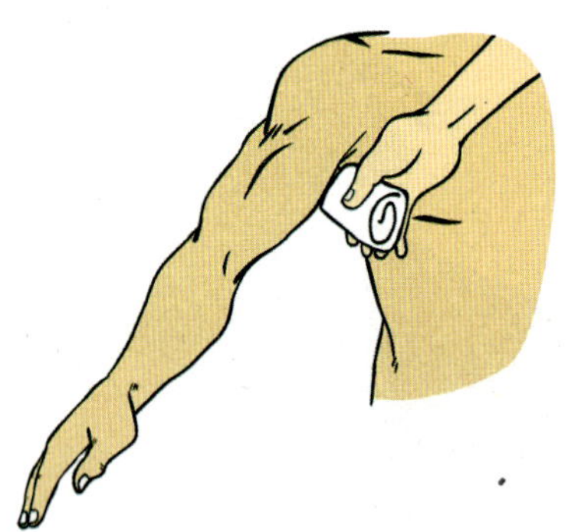

伤员骨折时，为防止休克，不要移动伤员身体的骨折部位。无骨端外露骨折伤员的肢体，用夹板或木棍、树枝等固定时超过伤口上、下关节。伤员大腿、小腿和脊椎骨折时，一般就地固定，不要随便移动伤者；关节损伤（扭伤、脱臼、骨折）的伤员，避免活动。

伤员脊柱可能受损时，不要改变伤员姿势。固定伤处力求稳妥牢固，要固定骨折的两端和上下两个关节。伤员骨折固定后，上肢为屈肘位，下肢呈伸直位。

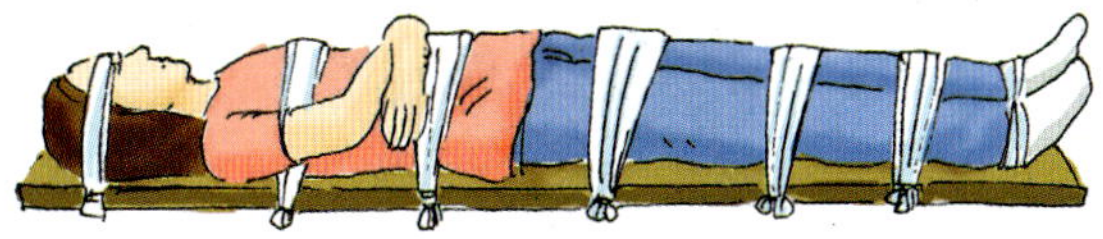

搬运或移动伤病较轻、不能独立行走的伤员，如头部外伤、上肢骨折、胸部骨折、头昏等的伤员，适用单人搀扶法。扶持伤员时，救护者位于伤员一侧，将伤员靠近救护者一侧的手臂抬起，放在救护者的颈部，救护者外侧用手握紧病人的手臂，另一手扶住病人腰，让病人身体略靠着救护者共同缓慢行走。

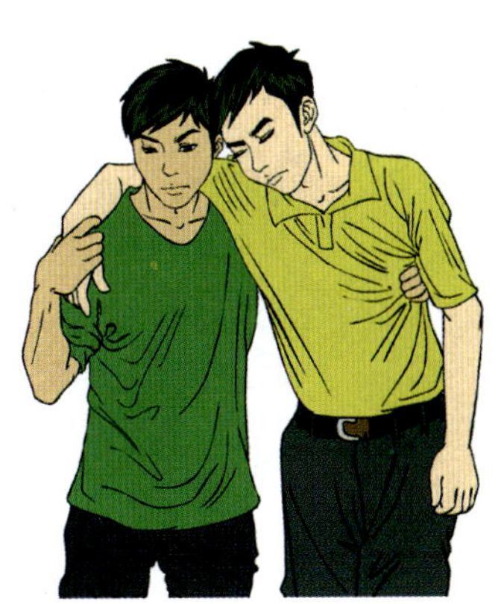

搬运或移动体重轻，且无腹、胸部严重创伤的伤员，可用单人背运法。救护者蹲在伤员前方，将伤员双肩搭在救护者颈部，头枕在救护者肩上。救护者双手托住伤员大腿外侧，慢慢将伤员背起。

搬运或移动骨盆骨折的伤员，适用三人搬运法。将伤员骨盆固定，双手置于上腹部，三人位于伤员同一侧，单膝跪地。一人位于伤员的胸部，一人位于腿部，另一人专门保护骨盆。三人双手平伸，从伤员身体下穿越达对侧，同时用力将伤员托起，短距离将伤员搬运到硬板担架上。

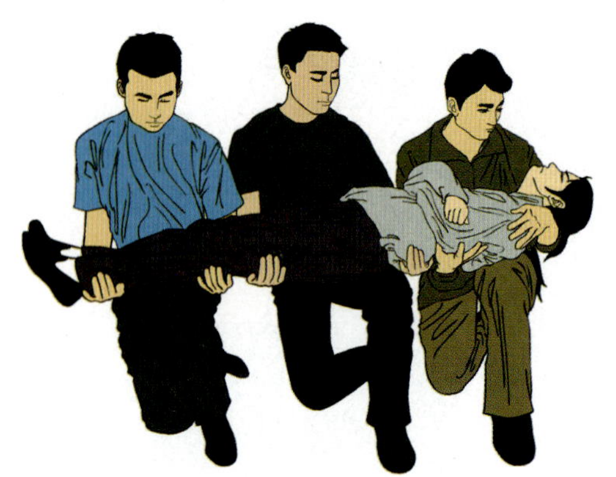

搬运或移动脊柱骨折移动的伤员，适用四人搬运法。将伤员双手用布带捆绑置于上腹部，四人单膝跪地。一人位于伤员的头部，双手掌抱于头部两侧轴向牵引颈部，保护颈部稳定。另三人位于伤员同一侧，分别位于伤员的肩背部、腰臀部及膝踝部，双手平伸，从伤员身体下穿越达对侧。四人同时用力将伤员平稳托起，随时保持伤员脊柱呈轴位，短距离将伤员搬运到脊柱板或硬板担架上。

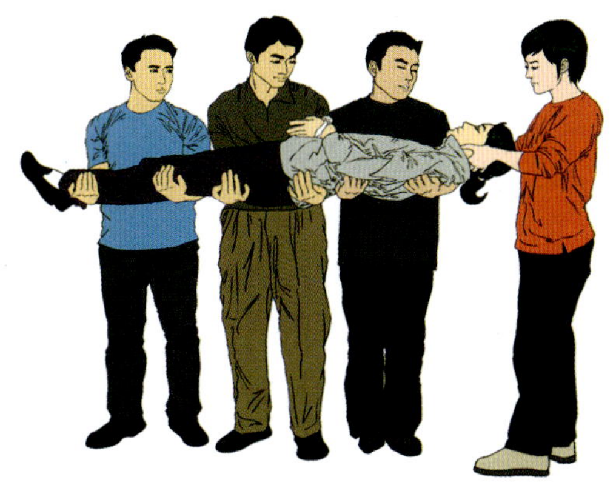

六、安全乘车三原则

乘客乘坐公交车时，要自觉遵守和维护乘车秩序，做到先下后上，排队上车，坐稳扶好，不争不抢，尊老爱幼，相互礼让，安全有序的乘车。

1．先下后上

乘客一定要有序上下车，门口的乘客下车要迅速，以免被后面的人流拥挤下去。后面的乘客下车要有耐心，以免有人被裹挟、推搡下车或跌倒受伤。每一位乘客下车时，都要注意观察、判断站点台阶的位置以及是否湿滑等，避免踩空或滑倒。同一门上下车的乘客要先下后上，乘客需要横过道路时，要在公交车离站后，确认安全再通行，不要在车前或车后突然绕行横穿。

2. 排队上车

在公交车站内候车的乘客，要听从站内引导员指挥，依次排队等待公交车停靠，车辆没有停稳前不靠近车辆。不要贸然从停靠的或者准备进站的公交车前穿行，带小孩的乘客注意看管好自己的孩子。车辆进站停稳后，依次上车。

3. 坐稳扶好

乘客要坐稳扶好，不要将身体的任何部位探出窗外，避免发生危险。双层公交车内的乘客，不要站在楼梯上；铰接式公交车内，站在铰接区的乘客注意扶好，避免车辆转弯时发生意外。离驾驶员较近的乘客尽量不要高声谈笑，避免分散驾驶员的注意力。车上比较拥挤时，尽可能与周边人员保持一定的距离，防范自身的财物被偷窃。行车途中，因自身体质或乘车环境等影响出现不适症状时，及时通知乘务员或身边其他乘客，请求给予照顾或帮助，防止病情延误，导致进一步恶化。

乘坐公交车要坐稳扶好

有座位的乘客应握住座椅圆形边缘扶手，以防止车辆紧急制动或转弯时与前侧椅背发生碰撞。站立的乘客应抓握附近的扶手或把手（通常涂有醒目的颜色且具有防滑特性），避免车辆紧急制动或转弯时因站立不稳而发生意外。

安全乘车须知

乘客应当遵守下列规定：

（1）遵守社会公德，讲究文明卫生；

（2）服从乘运人员管理，维护公共交通秩序；

（3）按照规定购票、投币、刷卡，或者主动出示乘车票证乘车；

（4）不使用过期、伪造或者他人专用的乘车票证；

（5）在候车区域内等候公交客车，按顺序上下车；

（6）不得携带宠物和有异味的物品；

（7）不得携带枪支弹药、管制器具以及爆炸性、易燃性、放射性、毒害性、腐蚀性等影响公共安全的物品；

（8）不得携带超大、超重、超长或可能污损车辆及乘客的物品；

（9）不得在车厢内抽烟、饮酒；

（10）不得有影响车辆正常通行、乘客安全和乘车秩序的其他行为。